L'ÉCHO
DES CHANSONNIERS
FRANÇAIS.

L'ÉCHO

DES CHANSONNIERS

FRÁNÇAIS,

CONTENANT

un Choix des meilleurs chansons philosophiques,
bachiques et grivoises.

PARIS,

LIBRAIRIE POPULAIRE DES VILLES ET DES CAMPAGNES,

Rue du Paon-Saint-André-des-Arts, 8.

1849.

POISSY. — TYPOGRAPHIE ARBIEU.

L'ÉCHO DES CHANSONNIERS FRANÇAIS.

ADELE.

Aîr : Femme sensible, entends-tu le ramage.

La connaissez, ma gente pastourelle ;
D'un doux regard elle a su me charmer.
Savez le prix des doux regards d'Adèle ?
Évitez-les, vous qui craignez d'aimer...

La gaîté brille en son joli sourire ;
L'amour pétrit son minois enchanteur ;
La volupté sur ses lèvres respire ;
Sa bouche appelle et promet le bonheur.

Qui croit jouir, dit-on, rêve et sommeille.
Rêver toujours, voilà mon seul désir.
Rêvant si bien, malheur à qui s'éveille !
Heureux qui dort bercé par le plaisir !

Raison se perd près d'Adèle jolie,
Tendre délire est toujours de saison ;
Mais je préfère Adèle et sa folie
Au triste honneur de garder ma raison...

Et si son cœur devenait infidèle,
Dans mon chagrin je bénirais l'Amour :
Fut trop heureux qui fut aimé d'Adèle,
Quand son bonheur n'aurait duré qu'un jour.

M.-J. Chénier.

LES JEUX DE L'ENFANCE.

Air : Muses des bois et des accords champêtres.
ou, Contentons-nous d'une simple bouteille.

Mes chers enfants, mon plaisir est extrême,
De vous trouver en récréation ;
Je ne viens point vous ennuyer d'un thème,
Ni vous troubler par une version,
Comme Socrate, en père, non en maître,
Je viens aux noix m'amuser avec vous :
Mais, en passant, je vous ferai connaître
Un sens moral caché dans vos joujoux.

Contre les flancs de ces sabots rapides,
Si vous voulez qu'ils tournent sans repos,
Dirigez tous vos lanières rigides :
Frappez, fouettez, et dites-vous des mots :
C'était ainsi qu'à grands coups de houssines
Le pédantisme osait nous gouverner,
Mais des enfants, n'étant point des machines,
Doivent au bien d'eux-mêmes se tourner.

Carte sur carte ils dominaient sur table,
Et les voilà par mon souffle aplatis,
Ces vains châteaux, modèle véritable
De ceux qu'en pierre on a jadis bâtis.
Les ci-devant pour en couvrir la terre
Se consumaient en efforts superflus :
La Liberté riait de les voir faire :
Elle a soufflé, les châteaux ne sont plus,

Ce cerf-volant, qui, malgré la ficelle,
La tête en haut, s'élance dans les airs,
Et qui, tout près de la voûte éternelle,
Plane en repos sur le vaste univers,
C'est le Français dans sa sphère nouvelle,
Le front levé, jouissant de ses droits ;
Mais aux vertus, mais aux mœurs trop fidèle,
Pour n'y pas être attaché par les lois.

Sur les deux bouts de cette balançoire
Puissiez-vous suivre un égal mouvement !
Vous offrirez à qui voudra m'en croire
Le vrai tableau d'un bon gouvernement.
        Son poids seul il faut que le mérite
S   place alternativement,
Et que la loi puisse observer de suite,
Celui qui monte et celui qui descend.

Les voyez-vous, ces quilles indolentes,
Que le hasard se plut à disperser ?
Sur trois de front ces neuf sœurs arrogantes
Vont, si je veux, tout à coup se dresser.
Tels les tyrans qui dormaient à la ronde
Se sont en bloc réunis contre nous :
Mais cette boule est l'image du monde,
Qui tôt ou tard les renversera tous.

Que dirons-nous de ce ballon volage
Que l'un à l'autre ici vous vous lancez ?
Tant qu'il bondit il prête au badinage ;
S'il se déchire, alors vous le laissez.
C'est l'émigré dont se rit maint despote,
En ayant l'air d'accueillir son besoin :
Il s'enfle, il saute, et puis on le ballotte,

Enfin il crève oublié dans un coin.

Un savon trouble a formé les bouteilles
Que cette paille enfante tour à tour :
En grossissant elles sont plus vermeilles ;
Mais un instant les détruit sans retour.
Tel, dans la fange, un complot peut éclore,
Et même en beau se colorer :
Mais il grossit, et d'encore en encore,
L'air, par bonheur, le fait évaporer.

Mais le tambour s'unit à la trompette ;
Je vois briller des fusils, des drapeaux ;
J'entends déjà sur la terre indiscrète
Vingt petits pieds marquant leurs pas égaux
Ah ! voilà bien l'espoir de la patrie !
Continuez, mes petits citoyens ;
Par de tels jeux votre enfance aguerrie
Pour l'avenir lui promet des soutiens.

Le chev. Pıs.

LA VEILLE DE L'HYMÉNÉE.

ROMANCE.

EMMA.

Unique objet de mon tendre délire,
Amant chéri, je te donne ma foi !
Ne vante plus ma beauté, son empire ;
Que le cœur seul t'enchaîne près de moi.

Moment d'ivresse,
Jusqu'au tombeau
Reviens sans cesse,
Et sois toujours nouveau !

ALFRED.

Oui, j'appuierai ma bouche sur ta bouche ;
Mes mains toujours presseront tes appas ;
Oui, belle, ô toi dont le nom seul me touche,
La volupté m'appelle dans tes bras !
Moment d'ivresse,
Jusqu'au tombeau
Reviens sans cesse,
Et sois toujours nouveau !

EMMA.

Mon bien-aimé, que la douleur t'oppresse,
Ou que la joie excite ta gaîté,
Tu me verras triste de ta tristesse,
Heureuse aussi de ta félicité !
Moment d'ivresse,
Jusqu'au tombeau,
Reviens sans cesse,
Et sois toujours nouveau !

ALFRED.

Le lendemain, de plaisir palpitante,
Montrant encore un pudique embarras,
L'œil plein d'amour et la voix caressante,
Contre ton sein me serrant, tu diras :

1.

Moment d'ivresse,
Jusqu'au tombeau
Reviens sans cesse,
Et sois toujours nouveau!

BOSSEL DE SAINT-MARTIN.

XXXXXXXXXXXXXXXXXXXXXXXXX

LA TYROLIENNE.

Montagnard ou berger,
Votre sort peut changer.
Comme moi, dans la garde,
Il faut vous engager :
Quel état fortuné
Vous sera destiné!
Vous aurez la cocarde
Et l'habit galonné.
Non, vraiment, m'engager!
Je crains trop le danger;
Mieux vaut encore vivre et rester berger.

Dans mon hameau restons sans cesse :
Son aspect fait battre mon cœur ;
C'est là qu'est ma maîtresse,
C'est là qu'est le bonheur.

Dans les champs de l'honneur
Brillera ta valeur;
Là, pour que l'on parvienne,
Il ne faut que du cœur;
On obtient le chevron,

Au doux son du canon.
J'aime peu le fracas;
Le canon peut, hélas!
Me prendre en traître :
Adieu jambes et bras.

Dans mon hameau restons sans cesse :
Son aspect fait battre mon cœur;
C'est là qu'est ma maîtresse,
C'est là qu'est le bonheur.

Un soldat franc luron,
Sans regrets, sans façon,
Est toujours sûr de plaire
Dans chaque garnison.
De séjour en séjour,
Et d'amour en amour,
Toujours un militaire
Est payé de retour.
Dès qu'il part, dans les camps,
Gare les accidents!
On prend la place des malheureux absents.

Dans mon hameau restons sans cesse :
C'est bien plus sûr et moins trompeur;
C'est là qu'est ma maîtresse,
C'est là qu'est le bonheur.

Musique de AUBER.

VELLÉDA.

ROMANCE.

Air . Vous vieillirez, ô ma belle maîtresse.

Au sein des nuits, sur l'aride bruyère,
Velléda seule, en proie à son ardeur,
Assise au pied du chêne solitaire,
Belle d'amour et pâle de douleur,
Au bruit lointain de la mer irritée,
Au cri plaintif du triste oiseau des nuits,
Mêlait des chants qu'à son âme attristée,
Dictaient, hélas! son trouble et ses ennuis.

Sans ornements, sa blonde chevelure
En longs anneaux retombait sur son sein ;
Elle souffrait et pleurait son injure,
Et tristement redisait ce refrain :
« Je vais mourir, et toi seul en es cause,
Charmant guerrier, qui troubla mon repos :
Je vais mourir... mourir est peu de chose!
Mais te quitter est le plus grand des maux.

« Quand tu me vois, tu détournes la vue;
Que t'ai-je fait, pour me haïr ?
Triste, rêveuse, inquiète, éperdue,
Le jour, la nuit, je ne sais que gémir.
Peut-être, hélas ! tu ris de ma souffrance,
Et ton orgueil jouit de ma douleur :
En te voyant, j'ai perdu le bonheur.

« Vierge et prêtresse, aux dieux de ma patrie
J'avais fait un vœu d'échapper aux amours,
Quand je te vis, entrainée, attendrie,
Je fis celui de t'adorer toujours.
Mais que peut faire un devoir que j'abhorre ;
Lorsque je meurs du besoin de t'aimer ?
Mes dieux, ma loi, mon bonheur, c'est Eudore.
Ah ! tant d'amour ne peut-il te charmer ?

« Te souvient-il que j'étais fraîche et belle ?
Vois mes attraits par le malheur flétris ;
Regarde-moi, vois ma peine cruelle,
Et sur mon front tous mes chagrins écrits.
Oui, je le sens, la triste druidesse
Marche en pleurant vers l'éternel repos.
J'attends la mort... déjà sa main me presse.
Mais te quitter est le plus grand des maux.

Ainsi chantait la vierge infortunée ;
Un fol amour empoisonnait son cœur ;
Elle tomba comme la fleur fanée
Sous le tranchant du fer agriculteur.
Morte infidèle, une loi trop sévère
De son trépas augmenta les douleurs ;
Nul ne para son tombeau solitaire ;
L'Amitié seule y versa quelques pleurs.

Le chevalier de B.

✦✦✦✦✦✦✦✦✦✦✦✦✦✦✦✦✦✦✦✦✦✦✦✦✦

LES SOUVENIRS.

Combien j'ai douce souvenance
Du joli lieu de ma naissance !
Ma sœur, qu'ils étaient beaux les jours
     De France !
O mon pays, sois mes amours
     Toujours !

Te souvient-il que notre mère
Au foyer de notre chaumière,
Nous pressait sur son cœur joyeux,
     Ma chère !
Et nous baisions ses blancs cheveux
     Tous deux !

Ma sœur, te souvient-il encore
Du château que baignait la Dore ?
Et de cette tant vieille tour
     Du Maure,
Où l'airain sonnait le retour
     Du jour !

Te souvient-il du lac tranquille
Qu'effleurait l'hirondelle agile,
Du vent qui courbait le roseau
     Mobile,
Et du soleil couchant sur l'eau,
     Si beau !

Te souvient-il de cette amie,
Tendre compagne de ma vie ?
Dans les bois en cueillant la fleur
                    Jolie,
Hélène appuyait sur mon cœur
                    Son cœur.

Oh ! qui me rendra mon Hélène,
Et ma montagne et le grand chêne ?
Leur souvenir fait tous les jours
                    Ma peine :
Mon pays sera mes amours]
                    Toujours !

De Chateaubriand.

~~~~~~

L'HOSPITALIÈRE.

Sœur Luce, jeune hospitalière,
Aux bienfaits consacrant ses jours,
Près du théâtre de la guerre
Aux blessés portait du secours.
Un soir, près de l'hospice, arrive
Jeune soldat ensanglanté !
Qui disait, d'une voix plaintive :
Donnez-moi l'hospitalité.

L'hospitalière, douce et bonne,
Étanche le sang du soldat.
Le secours qu'une femme donne
Est toujours tendre et délicat.

Elle se charge de la cure ;
Mais tandis que la jeune sœur
Cherche à guérir une blessure,
Il s'en fait une dans son cœur.

Le beau soldat qu'amour enflamme,
Se trouve bien dans la maison ;
Il voudrait de toute son âme
Voir retarder sa guérison.
Mais il part, regarde en arrière
Et dit en pleurant à demi :
Adieu, charmante hospitalière,
M'as fait plus mal que l'ennemi.

Après la guerre, il s'achemine,
Pour retourner dans ses foyers ;
Il rencontre Luce chagrine,
Qu'entraînaient de méchants guerriers,
Il fait briller son cimeterre,
La sauve et lui dit transporté :
A ton tour, belle hospitalière,
Accepte l'Hospitalité.

LE RETOUR DE PIERRE.

Pour aller venger la patrie,
Jeune encor j'ai quitté les champs,
Au silence de la prairie
A succédé le bruit des camps.
Plus d'une fois pendant la guerre,
Songeant au bonheur du hameau,

Je regrettais mon vieux père,
Ma chaumière et mon troupeau.

Du serment de servir la France
Vingt blessures m'ont dégagé ;
Mais j'emporte pour récompense
La croix du brave et mon congé.
Loin du tumulte de la guerre,
Je vivrai paisible au hameau,
Je reverrai mon vieux père,
Ma chaumière et mon troupeau

Braves soldats, mes frères d'armes,
Dont j'ai toujours suivi les pas,
Dans vos succès, dans vos alarmes,
Compagnons, ne m'oubliez pas
Recevez les adieux de Pierre,
Demain il retourne au hameau,
Revoir encor son vieux père,
Sa chaumière et son troupeau.

Si vers les rives de la France
L'étranger marchait en vainqueur,
Le noble élan de la vaillance
Soudain ferait battre mon cœur.
Avec ardeur on verrait Pierre,
Pour chercher au loin son drapeau,
Quitter encor son vieux père
Sa chaumière et son troupeau.

CROYEZ-VOUS QUE J'AIME ENCORE?

Air de l'Angelus

A la fin j'ai rompu mes fers :
Salut ! ô liberté chérie !
Déesse, âme de l'univers,
Par toi je renais à la vie !
Désormais soumis à ta loi,
Oui, c'est toi seule que j'adore :
Je veux vivre et mourir pour toi.
Ah ! croyez-vous que j'aime encore?

J'ai connu le cruel tourment
De porter une indigne chaîne,
Et de dépendre à tout moment
Du caprice d'une inhumaine.
Trop longtemps au fond de mon cœur
J'ai nourri ce feu qui dévore...
Insensé ! quel fut mon malheur !
Ah ! croyez-vous que j'aime encore?

Je crois même que la beauté
A sur moi perdu son empire ;
Je ne vendrais plus ma gaîté
Pour un regard, pour un sourire.
Oui, je brave tous vos appas,
Églé, Nanine, Eléonore :
J'admire et ne m'enflamme pas.
Ah ! croyez-vous que j'aime encore?

SCRIBE.

LES SERMENTS DE COLETTE.

CHANSON.

Te souviens-tu, Colette,
  Des serments
Que tu faisais, coquette,
  Ce printemps ?
Tu disais : De la vie
  N'aimerai :
L'amour ! oh ! c'est folie
  Que n'aurai.

Cupidon en colère
  T'entendit,
Et le méchant, bergère,
  Te punit.
Pour le rendre parjure,
  Il trouva
Lindor dont la figure
  Te charma.

Mais si tu veux, ma belle !
  Le fixer !
Coupe un bout de son aile,
  Sans tarder.
Autrement le volage
  S'enfuira,
Et de toi, je le gage,
  Glosera.

Madame LAURE DE BRADCHARD.

LE DÉPART.

Il faut quitter ce que j'adore,
Adieu plaisir, adieu bonheur!
Aujourd'hui je vous goûte encore
Demain vous fuirez de mon cœur.
Séparons-nous, ma douce amie,
Reçois mes adieux en ce jour;
Mais conservons toute la vie
Le souvenir de notre amour.

Ne me montre pas tes alarmes,
N'ajoute pas à mon malheur,
Ne m'affaiblis pas par tes larmes,
J'ai bien assez de ma douleur.
S'il faut que notre cœur oublie
La peine qu'il sent en ce jour,
Qu'il garde au moins toute la vie
Le souvenir de notre amour.

Un jour, sur un lointain rivage,
Sans espérance et sans repos,
Je n'aurai plus que ton image,
Pour me consoler de mes maux.
Alors, loin de ma douce amie,
Je répéterai chaque jour
Je lui garde toute ma vie
Le souvenir de notre amour.

HOFFMAN. — *Musique de* SOLIÉ.

HYMNE A L'ÉGALITÉ

Air : Dans ces lieux où l'Alén paisible.

Egalité douce et touchante,
Sur qui reposent nos destins,
C'est aujourd'hui que l'on te chante
Parmi les jeux et les festins.

Ce jour est saint pour la patrie ;
Il est fameux par tes bienfaits ;
C'est le jour où ta voix chérie
Vint rapprocher tous les Français.

Tu vis tomber l'amas servile
De titres fastueux et vains,
Hochet d'un orgueil imbécile,
Qui foulait aux pieds les humains.

Tu brisas des fers, sacriléges ;
Du peuple tu conquis les droits ;
Tu détrônas les priviléges ;
Tu fis naitre et régner les lois.

Seule idole d'un peuple libre,
Trésor moins connu qu'adoré,
Les bords du Céphise et du Tibre
N'ont chéri que ton nom sacré.

Des guerriers, des sages rustiques,
Conquérant leurs droits immortels,
Sur les montagnes helvétiques
Ont posé les premiers autels.

Et Franklin, qui, par son génie
Vainquit la foudre et ses tyrans,
Aux champs de la Pensylvanie,
T'assure des honneurs plus grands.

Le Rhône, la Loire et la Seine,
T'offrent des rivages pompeux .
Le front ceint d'olive et de chêne,
Viens présider à nos jeux.

Répands ta lumière infinie,
Astre brillant et bienfaiteur ;
Des rayons de la tyrannie
Tu détruis l'éclat imposteur.

Ils rentrent dans la nuit profonde
Devant tes rayons souverains ;
Par toi la terre est plus féconde,
Et tu rends les cieux plus sereins.

J. Chénier.

ADIEUX D'UN TROUBADOUR,

SUR LES BORDS DU TAGE.

Fleuve du Tage,
Je fuis tes bords heureux ;
A ton rivage
J'adresse mes adieux.
Rochers, bois de la rive,
Echos, nymphes plaintives,

Adieu, je vais
Vous quitter pour jamais.

Grotte jolie
Où le temps fortuné,
Près de Marie,
A si vite passé :
Ton réduit solitaire,
Asile du mystère,
Fut pour mon cœur
Le séjour d'un bonheur.

Jour de tendresse
Comme un beau songe a fui ;
Jours de tristesse,
De chagrin et d'ennui,
Loin de ma douce amie.
Désormais de ma vie
Vont pour toujours,
Hélas ! flétrir le cours.

Terre chérie
Où j'ai reçu le jour,
Comme Marie,
Objet de mon amour,
Rochers, bois de la rive,
Échos, nymphes plaintives,
Adieu, je vais
Vous quitter pour jamais.

++

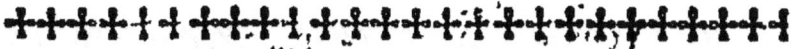

LE POINT DU JOUR.

Le point du jour
A nos bosquets rend toute leur parure ;
Flore est belle à son retour.
L'oiseau redit son chant d'amour ;
Tout célèbre dans la nature
Le point du jour.

Au point du jour
Désir plus vif est toujours près d'éclore ;
Jeune et sensible troubadour,
Quand vient la nuit, chante l'amour ;
Mais il chante bien mieux encore
Au point du jour.

Le point du jour
Cause parfois, cause douleur extrême.
Que l'espace des nuits est court,
Pour le berger brûlant d'amour,
Forcé de quitter ce qu'il aime
Au point du jour.

DE LA CHABEAUSSIÈRE ET ÉTIENNE.

Musique de DALAYRAC.

LA FIN DU JOUR.

La fin du jour
Sauve les fleurs et rafraichit les belles :
Je veux, en galant troubadour,
Célébrer, au nom de l'amour,
Chanter, au nom des fleurs nouvelles,
La fin du jour.

La fin du jour
Rend aux plaisirs l'habitant du village :
Voyez les bergers d'alentour
Danser en chantant tour à tour !
Ah ! comme on aime, après l'ouvrage,
La fin du jour.

La fin du jour
Rend aux amants et l'ombre et le mystère
Quand Phébus termine son tour ;
Vénus, au milieu de sa cour,
Avec Mars célèbre à Cythère
La fin du jour.

La fin du jour
Rend le bonheur aux oiseaux du bocage :
Bravant dans leur obscur séjour
La griffe du cruel vautour,
Ils vont guetter sous le feuillage,
La fin du jour.

La fin du jour
Me voit souvent commencer un bon somme;
Et pour descendre au noir séjour,
En fermant les yeux sans retour,
Je dirai gaîment : C'est tout comme
La fin du jour.

ARMAND GOUFFÉ.

✕✕✕✕✕✕✕✕✕✕✕✕✕✕✕✕✕✕✕✕✕✕

LE TAMBOURIN DU VALLON.

Adieu, vieux amis de la gloire,
Courageux et nobles guerriers,
Adieu, trop flatteuse Victoire,
Je ne veux plus de tes lauriers. (bis.)

Au son bruyant de la trompette,
Au bruit terrible du canon,
Je préfère tendre musette
Et le tambourin du vallon. (bis.)

Je vais habiter la chaumière,
Où je passai de si beaux jours,
Je vais consoler mon vieux père,
Revoir l'objet de mes amours. (bis.)

Au son bruyant de la trompette,
Au bruit terrible du canon,
Je préfère tendre musette,
Et le tambourin du vallon. (bis.)

Salut ! beau pays de la France,
Salut ! séjour délicieux ;
Témoins de ma plus tendre enfance,
Je vous revois, je suis heureux. (*bis.*)

Au son bruyant de la trompette,
Au bruit terrible du canon,
Je préfère tendre musette,
Et le tambourin du vallon. (*bis.*)

TOI, MOI.

Quand l'oiseau vers les cieux
S'envole gracieux,
Et que sa voix s'éveille,
Avec l'aube vermeille,
Qui soupire pour toi ?
   C'est moi !

Quand au milieu du jour,
Rêvant à son amour,
Tourterelle gentille
Gémit dans la charmille,
Qui ne pense qu'à toi ?
   C'est moi !

Ange ! lorsque le soir,
Étend son voile noir,
Quand ta douce prière
S'élève de la terre,
Oh ! qui prie avec toi ?
   C'est moi !

Lorsque tout est sans bruit,
A l'heure où, dans la nuit,
Notre etone scintille,
Et, quand la lune brille,
Qui ne cherche que toi ?
　　C'est moi !

Louis Duclos.

✤✤✤✤✤✤✤✤✤✤✤✤✤✤✤✤✤✤✤✤✤✤✤✤✤

L'AMANTE ABANDONNÉE.

AIR : De mon berger volage.

Une jeune bergère,
Les yeux baignés de pleurs,
A l'écho solitaire
Confiait ses douleurs :
Helas ! loin d'un parjure,
Où vais-je recourir !
Tout me trahit dans la nature,
Je n'ai plus qu'à mourir.

Est-ce là ce bocage
Où j'entendais sa voix ?
Ce tilleul dont l'ombrage
Nous servit tant de fois ?
Cet asile champêtre
En vain va refleurir :

O doux printemps, tu viens de naitre,
   Et moi je vais mourir.

   Que de seins le perfide
   Prenait pour me charmer?
   Comme il était timide
   En commençant d'aimer!
   C'était pour me surprendre
   Qu'il semblait me chérir
Ah! fallait-il être si tendre
   Pour me faire mourir!

   Autrefois sa musette
   Soupirait nos ardeurs :
   Il parait ma houlette
   De rubans et de fleurs.
   A des beautés nouvelles
   L'ingrat va les offrir,
Et je l'entends chanter pour elles,
   Quand il me fait mourir.

   Viens voir couler mes larmes
   Sur ce même gazon,
   Où l'amour par ses charmes
   Égara ma raison.
   Si dans ce lieu funeste
   Rien ne peut t'attendrir,
Adieu, parjure : un bien me reste,
   C'est l'espoir de mourir.

   Un jour viendra, peut-être,
   Que tu n'aimeras plus;
   Alors, je ferai naître
   Tes regrets superflus,

Tu verras mon image,
Tu m'entendras gémir :
Tu te plaindras, berger volage..
De m'avoir fait mourir !

LÉONARD.

BAYARD.

Emporté par trop de vaillance
Au milieu des rangs ennemis,
Le héros, l'espoir de la France,
Vient de mourir pour son pays.
Preux chevaliers, timides pastourelles,
Que je gémis sur votre sort !
L'appui des rois, le défenseur des belles,
Bayard est mort, Bayard est mort.

Honneur de la chevalerie,
Tendre amant, courageux soldat,
Il cédait tout à son amie,
Et tout lui cédait au combat.
Preux chevaliers, timides pastourelles,
Que je gémis sur votre sort !
L'appui des rois, le défenseur des belles,
Bayard est mort, Bayard est mort.

Bon chevalier, ami sincère,
Toujours sans reproche et sans peur,
Au milieu des cris de la guerre,
La pitié parlait à son cœur.

Preux chevaliers, timides pastourelles,
Que je gémis sur votre sort!
L'appui des rois, le défenseur des belles,
Bayard est mort, Bayard est mort.

LES SOUHAITS

Air nouveau de Jadin.

Ma mie,
Ma douce amie,
Répond a mes amours.
Fidèle
A cette belle,
Je l'aimerai toujours.

Si j'avais cent cœurs;
Ils ne seraient remplis que d'elle
Si j'avais cent cœurs;
Aucun n'aimerait ailleurs.
Ma mie,
Ma douce amie,
Répond à mes amours:
Fidèle
A cette belle,
Je l'aimerai toujours;

Si j'avais cent yeux;
Ils seraient tous fixés sur elle,
Si j'avais cent yeux;
Ils ne verraient qu'elle en tous lieux.

Ma mie,
Ma douce amie,
Répond à mes amours.
Fidèle
A cette belle,
Je l'aimerai toujours.

Si j'avais cent voix,
Elles ne parleraient que d'elle;
Si j'avais cent voix,
Toutes rediraient à la fois :
Ma mie,
Ma douce amie,
Répond à mes amours.
Fidèle
A cette belle,
Je l'aimerai toujours.

Si j'étais un dieu,
Je voudrais la rendre immortelle;
Si j'étais un dieu,
On l'adorerait en tout lieu
Ma mie,
Ma douce amie,
Répond à mes amours.
Fidèle
A cette belle,
Je l'aimerai toujours.

Fussiez-vous cinq cents,
Vous seriez tous rivaux près d'elle;
Fussiez-vous cinq cents,
Vous voudriez en être amants.

Ma mie,
Ma douce amie,
Répond à mes amours.
Fidèle
A cette belle,
Je l'aimerai toujours.

Eussiez-vous cent ans,
Nestor rajeunirait pour elle,
Eussiez-vous cent ans,
Vous retrouveriez le printemps.
Ma mie,
Ma douce amie,
Répond à mes amours.
Fidèle
A cette belle,
Je l'aimerai toujours.

LE TAMBOURIN.

Entendez-vous le tambourin?
Vite à la danse;   (bis.)
Entendez-vous le tambourin
Qui met le villageois en train?
Fi de la ville!
On y vit tranquillé;
Point de gaîté : l'on danse à petits pas.
Au village on est plus habile,
Au village on rit aux éclats.

Entendez-vous le tambourin?
Vite à la danse ;   (bis.)
Entendez-vous le tambourin
Qui met le villageois en train?

Eh quoi! Lisette,
Vous n'êtes pas prête:
Votre fichu vous tient encore là?
Déjà se gonfle la musette,
Et Colin vous attend là-bas?
Entendez-vous le tambourin?
Vite à la danse ;   (bis)
Entendez-vous le tambourin
Qui met le villageois en train?

L'amour invite,
Et chacun s'agite.
Eh quoi! la nuit nous arrive déjà?
Si la danse finit trop vite,
La chanson la remplacera.
Entendez-vous le tambourin?
Vite à la danse ;   (bis.)
Entendez-vous le tambourin
Qui met le villageois en train?

VIVRE LOIN DE SES AMOURS.

S'il est vrai que, d'être deux
Fut toujours le bien suprême,
Hélas! c'est un mal affreux
De ne plus voir ce qu'on aime.

Vivre loin de ses amours,
N'est-ce pas mourir tous les jours?

Chaque instant vient attiser
La flamme qui vous dévore,
On se rappelle un baiser
Et mille baisers encore.
Vivre loin de ses amours,
N'est-ce pas mourir tous les jours?

La nuit, en dormant, hélas!
Victime d'un doux mensonge,
Vous vous sentez dans ses bras;
Le jour vient..... c'était un songe.
Vivre loin de ses amours,
N'est-ce pas mourir tous les jours?

Un tissu de ses cheveux
Est le seul bien qui me reste;
Il devait me rendre heureux;
C'est un trésor bien funeste.
Vivre loin de ses amours,
N'est-ce pas mourir tous les jours?

Musique de BOÏELDIEU.

JE NE T'AIME PLUS.

Hier, je t'adorais encore,
J'avais un bandeau sur les yeux;
Mais, trop perfide Eléonore,
Aujourd'hui je te connais mieux.

Contre un désir que tu fis naître,
Les efforts seraient superflus;
Et je te regrette peut-être,
Mais pourtant, je ne t'aime plus!

Dans ton sourire que de charmes!
Dans ton maintien, rien d'apprêté,
Le plus sage te rend les armes,
Et soupire de volupté.
Je voudrais que mon autre amante,
Unît ta grâce à ses vertus!...
Car je te trouve encor charmante,
Et pourtant je ne t'aime plus!

Sans doute qu'un autre, à ma place,
Bientôt sera choisi par toi :
Séduit par ta beauté, ta grâce,
Il sera trompé comme moi.
Malgré cela, j'envie encore
Ses liens par l'erreur tissus!
Je suis jaloux d'Éléonore,
Et pourtant je ne l'aime plus!

Au fond de quelque solitude,
Si je te retrouvais un jour,
Je pourrais bien, par habitude,
Te parler de mon vieil amour.
Tu pourrais, ranimant encore
Le désir dans mes sens émus,
Me rendre mon Éléonore!...
Et pourtant je ne t'aime plus!

MERSAN. Musique de JADIN.

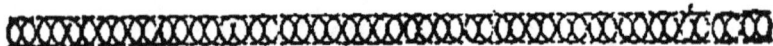

LA MÈRE DU CONSCRIT.

C'en est fait, Dieu, pitié pour moi,
Les voilà, mon fils, cache-toi :
Pourquoi de ma chaumière ébranler les verroux;
Sous mon toit solitaire, soldats, que voulez-vous?
Nous venons, bonne femme,
Chercher ton jeune fils,
Il est de nos conscrits,
Et la loi le réclame.
Que m'importe la loi,
Que m'importe la guerre?
L'enfant n'est qu'à sa mère,
Et mon fils est à moi,
Oui mon fils est à moi,
Tout à moi, rien qu'à moi!

Libre du joug d'un maître,
Mais pauvre en cet abri,
C'est moi qui l'ai fait naître,
C'est moi qui l'ai nourri,
C'est moi qui l'ai nourri;
Qui donc sur sa jeunesse prétend avoir des droits?
Les sujets sont au roi,
En avant! le temps presse!   (*bis*)
Que m'importe le roi.
Etc., etc.

Mais les soldats barbares,

3

Par devoir endurcis,
Au milieu des fanfares,
Ont emmené son fils,
Enfant, à la chaumière,
Reviendras-tu jamais?
De retour à la paix,
Reverras-tu ta mère?   (bis).

Qu'importe que la loi
Vienne briser ton âme,
Ton enfant, pauvre femme,
N'appartient plus qu'au roi;
Oui, ton fils est au roi;
Plus à toi, rien qu'au roi.

Léopold Bougnon.

CLAUDINE A LA COUR,

Air: Du petit matelot.

C'est donc ici qu'elle demeure!
Après quatre ans je vais la voir
Je crains que d'aise elle ne meure
Dès qu'elle va m'apercevoir.
Oh! qu'elle doit être embellie
Depuis que nous sommes absents,
Elle était déjà si jolie,
Et n'avait encor que douze ans.

On ouvre... c'est elle, je gage...
Eh! bonjour donc! C'est pourtant moi,
Qui viens exprès de mon village
Pour te voir... Mais est-ce bien toi?
Viens donc un peu que je te mire :
Je t'ai vu mille appas naissants ;
Combien de nouveaux j'en admire.
Que tu n'avais pas à douze ans!

Embrassons-nous, ma chère amie
Comment, tu ne veux pas?... Chansons,
La friponne s'en meurt d'envie ;
Je la connais... que de façons!
Tu fais l'enfant... Allons, morguienne,
Combien de fois, mignonne, aux champs
Je t'embrassai! qu'il t'en souvienne,
Lorsque tu n'avais que douze ans.

Tu boudes?... C'est que je te tutoie :
Pardon, c'est l'usage chez nous ;
Et puis, dans l'excès de ma joie...
Mais je vais te parler vous.
Auriez-vous perdu la parole?
Dites... Le fâcheux contre-temps!
Votre babil était si drôle
Lorsque vous n'aviez que douze ans.

Faites-moi signe au moins, de grâce,
Par un souris, par un regard...
Eh! quoi donc? froide comme glace?
Me tromperais-je, par hasard?
Voyons... mais plus je l'examine.
Voilà ses yeux, voilà ses dents,

Voilà cette friponne mine
Qui me ravissait à douze ans.

Ne vous nommez-vous pas Claudine?
Moi, je m'appelle encor Colin;
Alors vous étiez si badine!
Je suis toujours un peu malin.
On nous voyait sur la fougère
Jouer tous deux en vrais enfants.
Ne vous souvient-il plus, ma chère,
Que jadis vous eûtes douze ans?

Non. Car il faut qu'enfin j'éclate.
Jamais vous ne me reverrez;
Allez, vous n'êtes qu'une ingrate,
Allez, vous vous repentirez.
C'est fort mal, étant du village,
De mépriser les paysans,
Et bonsoir... C'est pourtant dommage
Que n'a-t-elle encor ses douze ans!

CORIN D'HARGEVILLE.

QUATORZE ANS.

Air: Fidèle époux, frère militaire.

A quatorze ans qu'on est novice!
Je me sens bien quelques désirs!
Mais le moyen qu'on m'éclaircisse!

Une fleur fait tout mes plaisirs;
La jouissance d'une rose
Peut rendre heureux tous mes moments.
Eh! comment aimer autre chose
A quatorze ans, à quatorze ans?

Je mets plus d'art à ma coiffure;
Je ne sais quoi vient m'inspirer:
N'est-ce donc que pour la figure
Qu'on aime tant à se parer?
Toutes les nuits, quand je repose,
Je rêve, mais à des rubans:
Eh! comment rêver d'autre chose
A quatorze ans, à quatorze ans?

Une rose venait d'éclore,
Je l'observais sans y songer:
C'était au lever de l'aurore :
Le zéphir vint la caresser:
C'est donc quand la fleur est éclose
Qu'on voit voltiger les amants?
Mais hélas! est-on quelque chose
A quatorze ans, à quatorze ans?

Attribuée à GRESSET.

++++++++++++++++++++++++++++++++++++++

HYMNE A LA GAIETÉ.

Air : Fuyant et la ville et la cour.

Dans l'âge heureux où des plaisirs
L'essaim brillant nous environne;

A la gaieté, dans nos loisirs,
Amis, tressons une couronne.
Ce devoir si cher à nos cœurs,
Nous ne pouvons le méconnaître.
Comment lui refuser des fleurs
Quand sous nos pas elle en fait naître!

De l'amour, avec nos beaux ans,
L'illusion nous est ravie ;
Mais la gaieté change en printemps
L'hiver même de notre vie.
Elle adoucit tous nos regrets
Par les plus riantes images :
Elle est enfin par ses bienfaits
La volupté de tous les âges.

En folâtrant l'amour avance,
Il rit, il badine en chemin :
L'amitié marche avec prudence
Et sonde d'abord le terrain.
Fuyant chaque route nouvelle,
Lorsque l'autre prend un détour,
L'amitié jamais ne chancelle :
Souvent le pied glisse à l'amour

Sur la route le dieu de Gnide
Fait souvent répandre des pleurs;
Suivant le penchant qui le guide
Il cueille les plus belles fleurs.
Au gré de son humeur bizarre
A chacun il fait quelque tour:
Mais l'amitié vient et répare
Les fautes que commet l'amour,

Le premier le volage arrive
Au but où tendent ses souhaits;
L'amitié, toujours plus tardive,
Chez le plaisir ne vient qu'après,
Mais en vain demande son frère;
Ce dieu n'était resté qu'un jour.
Le plaisir avait eu beau faire;
Il n'avait pu fixer l'amour.

Paul de Kock.

✿✿✿✿✿✿✿✿✿✿✿✿✿✿✿✿✿✿✿✿✿✿✿✿✿✿✿✿✿✿

C'EST UN DANGER
DE TROP APPROFONDIR.

Air : De votre bonté généreuse (de *Fanchon*).

Si l'existence est une comédie,
De la coulisse évitons le séjour ;
A quelques pas la scène est plus jolie,
Elle apparaît sous un plus heureux jour...
Quand un mortel accomplit un beau rôle,
Ne cherchons pas quel but le fait agir ;
L'illusion ne veut pas de contrôle.
C'est un danger de trop approfondir !...

Tout est, pour l'homme, obscurité, mystère,
De la nature il sonde les secrets ;
Mais il s'égare en croyant qu'il s'éclaire;
La nuit succède à quelques feux follets...
Jamais un fruit, à l'arbre de science,

Impunément ne se laisse cueillir ;
Dieu ne veut pas qu'on touche à sa puissance
C'est un danger de trop approfondir !...

Vin généreux, nectar dont la puissance
Vient abréger les ennuis de nos jours,
Sors du tonneau, notre soif te devance ;
Sans toi nos chants seraient tristes et lourds ;
Et cependant, si la tonne est remplie,
Ne buvons pas au point de la tarir ;
Nous puiserons l'ivresse avec la lie.
C'est un danger de trop approfondir !

Lise, pourquoi ce trouble que j'observe
Lorsqu'a tes yeux s'offre certain galant ?
Auprès de lui pourquoi cette réserve ?
Sur notre amour tu me laisses tremblant.
— Pourquoi, Monsieur ? mais je pourrais moi
Vous reprocher plus d'un tendre soupir ; même
Croyons tous deux à notre ardeur extrême.
C'est un danger de trop approfondir !...

Quand, devant moi, du pauvre qui l'implore
Je vois le riche alléger la douleur,
Sa bienfaisance en mon sein fait éclore
L'émotion qui donne le bonheur !
Mais est-il vrai qu'un acte de largesse
Cache parfois des vices à flétrir ?
L'orgueil chez l'un, chez l'autre la paresse.
C'est un danger de trop approfondir !...

Plus d'un talent que l'on croit légitime,

Porte peut-être un éclat emprunté.
Plus d'un ami ne vous appelle intime
Que s'il vous sait dans la prospérité...
Ce grand seigneur qui dépense sa vie
Au sein du luxe, enivré de plaisir,
A dû son or, peut-être, à l'infamie.
C'est un danger de trop approfondir.

Dieu m'apparaît dans ses moindres ouvrages,
De sa grandeur je me sens pénétré;
Pour moi, les cieux, les forêts, les rivages,
Sont les feuillets de son livre sacré...
Plus j'explorai les champs de l'Écriture,
Et plus le doute est venu m'assaillir;
Sans examen, la foi reste plus pure.
C'est un danger de trop approfondir!...

J'avais voulu faire une œuvre légère,
Trop tard, hélas! j'aperçois mon erreur;
Philosopher rend la pensée amère,
En y cédant, on se glace le cœur!...
Que la chanson, aussi folle que vive,
Nous fasse rire et non pas réfléchir:
La gaieté fuit quand la morale arrive.
C'est un danger de trop approfondir!

Auguste Fujraud,
Membre titulaire.

3.

LE SIMPLE BACHELIER,

ROMANCE

Imitée de celle du Barbier de Séville.

Air : Contentons-nous d'une simple bouteille.

Je suis Arthur, ma naissance est commune ;
Mais d'un blason Adam fit-il les frais ?
Si j' possédais le rang et la fortune,
Je t'offrirais un hôtel, un palais !...
Un suisse ayant tricorne et hallebarde.
Y remplirait l'office de portier ;
Mais je ne puis t'offrir qu'une mansarde...
Mais vœux sont ceux d'un simple bachelier !

Contre Plutus, à bon droit, je clabaude ;
S'il eût daigné m'octroyer ses bienfaits,
Le bleu saphir, le rubis, l'émeraude
Eussent encor rehaussé tes attraits ;
L'or ciselé, la turquoise, l'opale
T'eussent formé plaque, agrafe, collier...
Je n' puis t'offrir qu'un' chaîne en chrysocale ;
Mes vœux sont ceux d'un simple bachelier !

Si le bonheur me prenait pour point d' mire,
Tu n'aurais rien... oh ! rien à désirer !...
Dentell', velours, soirie et cachemire,
Tout, à l'envi saurait t' faire admirer ;

J' voudrais t' parer ainsi qu'une madone,
A tes genoux chacun viendrait prier...
Je n' puis t'offrir qu'un' robe à douz' sous l'aune
Mes vœux sont ceux d'un simple bachelier!

Toũs les parfums de l'Arabie heureuse,
Embaumeraient ton riant horizon ;
D'un demi-jour la teinte vaporeuse
Achèverait d'égarer la raison.
Patchouli, musc, rose, ambre, iris, vanille,
Dans ton boudoir viendraient se rallier...
Je n' puis t'offrir qu'un cigare... et d'Manille ;
Mes vœux sont ceux d'un simple bachelier !

Riche causeuse, étagère superbe,
Divans, dressoirs, glaces, bonheurs du jour,
Lustres, tableaux, tapis plus doux que l'herbe,
Oui, tous les arts orneraient ton séjour ;
Un lit d'ébène et sculpté sur chaque angle
Compléterait l'éclat du mobilier ;
Mais je ne puis t'offrir qu'un lit de sangle...
Mes vœux sont ceux d'un simple bachelier !

Pour rendre, enfin, ton destin délectable,
Si ton Arthur devenait un Crésus,
Il voudrait voir le luxe de ta table
Anéantir celui de Lucullus.
Chypre, Tokay, Champagne, Malvoisie,
Jusques au faîte empliraient ton cellier...
Je n' puis t'offrir qu'un' saucisse et d' l'eau-de-vie ;
Mes vœux sont ceux d'un simple bachelier !

Ainsi parla ce moderne Candide.

Tout en humant un tabac d' caporal ;
La jeune fille, aussi bell' que timide,
Lui répondit : Arthur, vous m' fait's bien mal !
Ai-je jamais, dis-moi, fais la bégueule
Pour me hisser jusques dans ton grenier ?
Pour boire un' goutt', fumer dans ton brûl'-gueule
J'ai r'çu les vœux du simple bachelier !

A. SALIN,
Membre titulaire.

L'OURAGAN,

ROMANCE.

Musique de M. Henri Canaple.

Entendez-vous gémir les échos du rivage ?
Voyez-vous ces débris apportés par les flots ?
Ces femmes, ces enfants à genoux sur la plage,
Disant adieu, de loin, aux pauvres matelots !
      Mettons-nous en prière
      Pour le pauvre marin,
      Allons à la chaumière
      Secourir l'orphelin.

Au départ, pavoisés, comme en un jour de fête,
Sur l'onde les bateaux sillonnaient leur chemin.
Mais bientôt il s'élève une horrible tempête,
Et chaque coup de vent vient faire un orphelin.
      Mettons-nous en prière, etc.

Brisé comme son mât par la vague implacable,

Le pêcheur à la côte expire au point du jour;
On dirait, à le voir étendu sur le sable,
Qu'il donne à son pays le baiser du retour.
    Mettons-nous en prière, etc.

Ah! combien le retour était doux quand la voile.
Vers ses tendres amours remenait le pêcheur!
Mais sa voile, à présent, n'est qu'un lambeau de toile
Qui lui sert de linceul dans ce jour de douleur.
    Mettons-nous en prière
    Pour le pauvre marin,
    Allons à la chaumière
    Secourir l'orphelin.

        DELEGORGUE CORDIER,
        Membre correspondant.

COUPLETS BACHIQUES.

Air : Ah! le bel oiseau, maman!

Aimons, buvons et chantons,
    Que la camarde
      Blafarde,
Recule au bruit des flons-flons,
Des baisers et des flacons.

S'il est vrai que nos aïeux
Savaient aimer, chanter, boire,
Tâchons de faire comme eux,
Par respect pour leur mémoire.
    Aimons, etc.

Le champagne et le couplet
Ne rendent-ils pas sur la terre
Et le bonheur plus complet,
Et la peine plus légère?
    Aimons, etc.

La chanson, par son refrain,
Réveille l'âme engourdie ;
C'est un joyeux boute-en-train
Qui nous rattache à la vie
    Aimons, etc.

Le champagne en jaillissant,
A l'espoir ouvre un passage,
Et son prisme éblouissant
Est l'arc-en-ciel du vrai sage.
    Aimons, etc.

Les dieux de l'antiquité
Aimaient le jus de la treille,
Et c'était une beauté
Qui leur passait la bouteille.
    Aimons, etc.

Ils prouvaient, ces braves gens,
Par le choix de leur déesse,
Que pour les Roger-Bontemps
Il n'est jamais de vieillesse.
    Aimons, etc.

Le joyeux Anacréon,
Jeune, au déclin de sa vie,

Trouvait toujours le vin bon
Et la grisette jolie.
    Aimons, etc.

Le raisin de ses celliers,
Les baisers de sa maîtresse,
Valaient mieux que les lauriers
Des sept sages de la Grèce.
    Aimons, etc.

Chacun sait que Lucifer
Doit respecter les ivrognes,
Car tous les feux de l'enfer
Pâliraient devant nos trognes.
    Aimons, etc.

A nous griller sans remords
Si le vieux Pluton s'obstine,
Armés de nos rouges-bords,
Nous griserons Proserpine.
    Aimons, etc.

Nous montrerons au barbon
Si l'amour connaît des bornes,
Et si c'est avec raison
Que les diables ont des cornes.
    Aimons, etc.

Enfin, nous en ferons tant,
Que le vieux cornu, j'espère,
Pour régner libre et content,
Nous renverra sur la terre.
    Aimons, etc.

Chez Pestel, nous reviendrons,
En chantant, faisant ripaille,
Pour nos fils, nous graverons
Ce refrain sur la muraille :

Aimons, buvons et chantons,
  Que la camarde
   Blafarde
Recule au bruit des flons-flons,
Des baisers et des flacons.

AUGUSTE DE VIGRY,
Membre associé.

✦✦✦✦✦✦✦✦✦✦✦✦✦✦✦✦✦✦✦✦✦✦✦✦

LA CONFESSION D'UN ABBE.

AIR : Ah ! le bel oiseau, maman !

Le sexe me plaît beaucoup,
  Je confesse
  Ma faiblesse ;
Mais je suis homme, après tout ;
Le sexe me plaît beaucoup.

En prêchant l'amour divin,
Je sens parfois le profane
Qui gonfle en dessous mon sein,
Et soulève ma soutane,
  Le sexe, etc.

Le péché, sans doute est grand ;

Mais Dieu ne peut me reprendre,
Lui qui fit fluer un sang
Si chaud vers un cœur si tendre.
    Le sexe, etc.

Quand au tribunal sacré
Je vois gentille figure,
Puis-je toujours, de bon gré,
Ne montrer qu'une tonsure?
    Le sexe, etc.

En chaire, contre l'amour,
Quand tonne ma voix sévère,
Mon œil d'un sein fait au tour
Mesure en bas l'hémisphère.
    Le sexe, etc.

A l'office conjugal,
Tout bas ainsi je blasphème:
« Que n'ai-je un lit nuptial!
Je t'aspergerais moi-même. »
    Le sexe, etc.

Aux petits des oiseaux, Dieu
Donne, dit-on, la pâture.
Sa bonté devrait un peu
S'étendre sur ma nature.
    Le sexe, etc.

En rêve un joli minois
M'ouvre son lit, et... j'y touche;
Mais je m'éveille et je vois
Que c'est .. une fausse couche.
    Le sexe, etc.

D'une ménagère, hélas!
J'admets bien qu'on se contente;
Mais les gueux, et c'est mon cas,
N'ont que leur main pour servante.
    Le sexe, etc.

Puisqu'aimer offense Dieu,
Qu'un sûr moyen nous empêche.
Dès qu'on redoute le feu,
Que ne coupe-t-on la mèche!

Le sexe me plait beaucoup,
        Je confesse
        Ma faiblesse;
Mais je suis homme, après tout,
Le sexe me plait beaucoup.

ALTAROCHE,
Membre correspondant.

MES SOUVENIRS.

Air de Philoctète.

Sylphes légers, êtres mystérieux,
Subtils esprits créés par la pensée,
Qu'autour de moi votre troupe empressée
Sème des fleurs sur mon front soucieux.
Ressuscitez mon passé qui sommeille;
Par vos récits venez me rajeunir;
Sylphes légers, enfants du souvenir,
A vos accents j'aime à prêter l'oreille.

Vous le savez, quand mon esprit mutin
Foulait aux pieds les études moroses,
D'un beau printemps je préferais les roses
A tous les fruits d'un automne incertain.
Buvant le miel, sans imiter l'abeille,
Pour le présent j'oubliais l'avenir.
Sylphes légers, enfants du souvenir,
A vos accents j'aime à prêter l'oreille.

Dites, amis, dites ces heureux jours,
Age éphémère où, tout à la folie,
De Léonor courant à Nathalie,
J'éparpillais mes folâtres amours...
Mais des plaisirs j'ai brisé la corbeille;
L'illusion ne doit plus revenir:
Sylphes légers, enfants du souvenir,
A vos accents j'aime à prêter l'oreille.

Dites encor ce prisme radieux,
Et ces élans d'ardente poésie,
Et l'âme en feu, d'un saint transport saisie,
Rêvant toujours des chants mélodieux.
Ces rêves d'or que chaque nuit réveille,
Ma pauvreté n'a pu les embrunir :
Sylphes légers, enfants du souvenir,
A vos accents j'aime à prêter l'oreille.

PIERRE LACHAMBEAUDIE,
Visiteur.

CONSEILS AUX JEUNES FILLES.

Air de Fra Diavolo (d'Auber).

Jeunes filles
Si gentilles,
Gardez l'honneur,
C'est le bonheur.

Quand de votre vie
Brille le matin,
Votre âme ravie,
Bénit le destin;
Le ciel fait éclore
Vos riants appas;
Tout se décolore
Au moindre faux pas.
    Jeunes filles, etc.

Rappelez-nous Ève.
Dans l'Éden un soir,
Elle vit en rêve
L'arbre du savoir;
Effleurant à peine
Le fruit défendu,
Elle y boit la peine,
Et tout est perdu.
    Jeunes filles, etc.

Voyez de la rose
Les boutons naissants,
Et que l'aube arrose

De pleurs bienfaisants;
Dès que sur eux glisse
Le vif papillon,
Adieu du calice
Le frais vermillon.

   Jeunes filles, etc.

De sa bonne mère,
Oubliant l'avis,
Et d'une chimère
Les sens poursuivis,
Lise a d'un perfide
Écouté les chants,
Et sa fleur candide
S'est fanée aux champs.

   Jeunes filles, etc.

Lubin à Pérette
Exprimant un vœu,
De sa bergerette,
Hier, eut un aveu;
Tous deux ils parviennent
Au milieu d'un bois,
Lorsqu'ils en reviennent,
Ils reviennent trois.

   Jeunes filles, etc.

Fuyez l'amertume
Et l'isolement,
Suivez la coutume
Chère à l'enjouement;
La vertu s'allie
Avec la gaîté;

Un peu de folie
Sied à la beauté.
      Jeunes filles, etc.

Puisque la sagesse
Veille sur nos jours,
A tant de largesse
Répondez toujours ;
Des nouveaux Clitandres,
Oui, défiez-vous,
Et ne soyez tendres
Que pour vos époux.

      Jeunes filles,
      Si gentilles,
Gardez l'honneur,

      ALBERT MONTÉMONT,
      Membre titulaire.

LE NOUVEL ÉPIMÉNIDE.

Air : Vit-on jamais pareille extravagance ?

Après dîner, nouvel Épiménide,
Je rêve un monde heureux et plein d'appas,
Un doux espoir et m'échauffe et me guide.
Si c'est un songe, ah ! ne m'éveillez pas !...

Je suis monarque, et dans mon vaste empire,
On ne voit point, comme en d'autres États,
De bas flatteurs souiller l'air qu'on respire.
Chacun est gris... *in vino veritas!*

Mais j'ai fait choix d'un nouveau ministère,
Tel que jamais on n'en vit un pareil,
Aimant son prince, ennemi du mystère,
Faisant le bien sans bruit, sans appareil.

Un chansonnier dont maint bon mot circule
Est désigné pour mon garde des sceaux ;
Je lui remets l'arme du ridicule,
Dont il flétrit les méchants et les sots.

Un employé dont hier la consigne
Était d'écrire, écrire, écrire encor,
Change de rôle : il signe, signe, signe,
Je l'établis ministre du trésor.

Ce gai buveur que jamais l'eau ne trouble,
Pour la marine est un heureux sujet :
Après dîner parfois il y voit double ..
Mais c'est à jeun qu'il fera son budget.

Ce gros vivant, je le nomme à la guerre
Qu'il aura soin de faire aux buveurs d'eau ;
Si l'un de nous boit mal ou ne boit guère
Des étrangers il aura le fardeau.

Sexe adoré de tous ces bons apôtres,
Mon peuple en vous chérit mes conseillers
Il ne connaît de chaînes que les vôtres ;
Chaînes de fleurs qui servent d'oreillers.

Enfin, de peur que des esprits sinistres
N'osent troubler les élus de Comus,
Pour président du conseil des ministres
J'ai pris celui des soupers de Momus.

Après dîner, nouvel Epiménide,
Je rêve un monde heureux et plein d'appas ;
Un doux espoir et m'échauffe et me guide...
Si c'est un songe, ah ! ne m'éveillez pas !

Jacinthe LECLERC.

LE SOIR.

Air à faire.

En vain l'aurore
Qui se colore
Annonce un jour
Fait pour l'amour ;
De ta pensée,
Tout oppressée,
Pour te revoir
J'attends le soir.

L'Aurore en fuite
Laisse à sa suite
Un soleil pur,
Un ciel d'azur.
L'amour s'éveille,
Pour lui je veille,
Et pour te voir
J'attends le soir

Heure charmante,
Soyez moins lente !
Avancez-vous,

Quand pour te voir
J'attends le soir.

Un voile sombre
Ramène l'ombre :
Un doux repos
Suit les travaux.
Mon sein palpite,
Mon cœur me quitte...

Je vais te voir,
Voilà le soir.

Mme DESBORDES VALMORE.

LES PETITS OISEAUX.

ROMANCE.

Air de Rigel.

Petits oiseaux, le printemps vient de naître,
Assemblez-vous dans les bois d'alentour ;
Chantez le dieu qui vous a donné l'être ;
Oiseaux, chantez le printemps et l'amour.

Choisissez-vous une tendre fauvette :
Par vos chansons cherchez à l'enflammer,
Et répétez sans cesse à la pauvrette
Que le printemps est la saison d'aimer.

Si vour charmez, soyez toujours fidèles ;
En voltigeant on échappe au bonheur ;
Petits oiseaux, dans vos ardeurs nouvelles,
N'oubliez pas que vous n'avez qu'un cœur.

LE VIEILLARD.

MUSIQUE DE L'AUTEUR DES PAROLES.

Air d'*Aristippe*.

Divin nectar, dans mes veines glacées
Ranime encore la vie et la chaleur ;
De mes vieux ans rajeunis les pensées.
Viens leur prêter ta riante couleur.
Des jours mêlés de joie et de souffrance,
Cache le terme à mon triste regard !
Couvre mes yeux du prisme de l'enfance ;
Viens, cher Bacchus, au secours d'un vieillard

En m'endormant, aux jours de mon bel âge,
Je calculais les plaisirs du réveil ;
Et l'avenir, immense et sans nuage,
Enrichissait les songes du sommeil :
De ces beaux jours l'aurore est éclipsée,
Le passé fuit entouré d'un brouillard,
Et l'espérance échappe à ma pensée...
Viens, cher Bacchus, consoler un vieillard.

Triste jouet des fureurs de Neptune,
J'errai longtemps en des climats lointains ;
Fixée un jour, l'inconstante Fortune
Me promettait d'embellir mes destins ;
Elle a repris les faveurs passagères
Que sa main livre et ravit au hasard.

A défaut d'or, j'ai recours aux chimères.
Viens, cher Bacchus, viens bercer un vieillard.

Fais voltiger en ma demeure obscure
L'Amour folâtre escorté des Plaisirs,
Et de Vénus déroule la ceinture,
Qui tient captifs les Grâces, les Désirs ;
Le malin dieu, de sa coupe traîtresse
Avec mépris me refuse une part ;
La Volupté pour moi n'a plus d'ivresse !
Viens, cher Bacchus, enivrer un vieillard.

Semblable, hélas ! à l'antique tourelle,
Prête à crouler sur de vastes débris,
Je foule encor la terre qui recèle
Tous les objets que mon cœur a chéris.
Dieu des raisins ! seulement pour une heure
Chasse la Mort, brise son étendard !..
Entoure-moi des amis que je pleure ;
Viens, cher Bacchus, viens tromper un vieillard.

Dieu ! quel nuage obscurcit ma paupière !
Quel trouble en moi !.. quel silence en ces lieux !
Est-ce le vin, ou la faux meurtrière,
Qui déjà vient appesantir mes yeux ?..
Je suis tout prêt !... S'il faut que je succombe !
Si c'est pour moi le signal du départ,
Pour me cacher l'abime de la tombe,
Viens, cher Bacchus, endormir un vieillard.

L. FESTEAU.

DE MAIN EN MAIN.

Air : *Rassemblons-nous.*

Allons, allons, enfants de la guinguette,
Le verre en main fredonnons un flonflon ;
Il en est temps, réveillons la goguette,
Plus tard peut-être aurons-nous un bâillon.
Allons, allons, sur les pas de Silène,
Du plaisir suivons le chemin.
Amis, amis, puisque sa coupe est pleine
Passons-nous-la de main en main.

Ah ! quelque soit l'orage qui nous frappe,
Ne dussions-nous n'égayer qu'un bouchon,
Chantons toujours les belles et la grappe,
Ne vissions-nous que Piquette et Fanchon.
     Allons, etc.

On met un frein à la voix de l'histoire ;
On veut tenir nos exploits éclatants :
Parlons encore et d'honneur et de gloire,
Demain peut-être il ne sera plus temps.
     Allons, etc.

LE MÊME.

LA CHANSON.

Air : *Mon père était pot,*
Ou *Toujours de chanter avec nous.*
(de Fanchon.)

Pour électriser à la fois
Amant, guerrier, poète,
Et pour célébrer leurs exploits,
Naquit la chansonnette;
Elle est tour à tour
L'accent de l'amour,
Le signal de la gloire,
L'appel du désir,
Le cri du plaisir,
Le chant de la victoire.

Tout cède au pouvoir du refrain,
Le ciel, l'enfer, la terre;
Apollon désarme Jupin,
Orphée endort Cerbère;
Le chant au combat
Anime un soldat,
Et près de sa maîtresse,
Gaîment
Un amant
Sait faire en chantant
Déchanter la sagesse.

Loin de nous l'amoureux transi
Qu'inspire la romance;

Il se venge, par notre ennui,
  De sa triste souffrance ;
Sot qu'on dut trahir,
Pourquoi nous punir
Du malheur qui t'accable ?
  Rimeur langoureux,
  Sois moins amoureux,
Et deviens plus aimable.

Avant de m'entendre entonner
  La romance fidelle,
Mes amis, vous verrez tourner
  Mon vin ou ma cervelle ;
  Vous ne verrez plus
  Que chastes vertus
Chez nos prudes rigides,
  Que du vin amer,
  Que des cœurs de fer,
Ou que des tonneaux vides.

Quand sur le berceau d'un enfant
  Chante une bonne mère,
Quand un pauvre diable, en chantant,
  Etourdit sa misère,
      Le penchant
      Du chant,
  Jamais du méchant
  N'a caché l'insomnie ;
  Avec nos accords

Le cri du remords.
N'est point en harmonie.

Caton, tu glaces mon esprit
  Par tes rêves stoïques ;
Le chansonnier me convertit
  Par ses sermons bachiques :
    Jamais ta leçon
    Ne vaut la chanson
Où sa joyeuse verve
  Nous fait voir Vénus,
  L'Amour et Bacchus
Assis près de Minerve.

Ainsi quand le chansonnier, fort
  De sa philosophie,
Nous apprend à braver la mort
  Sans mépriser la vie ;
    Son couplet
    Nous plaît ;
  A son doux banquet,
Amis, il faut le suivre,
  Et nous bien nourrir ;
  Nous saurons mourir,
Quand nous saurons bien vivre.

Frédéric BOURGUIGNON.

LE CAPORAL ET LE CONSCRIT.

Air : *De la Catacoua.*

« Caporal, c'est moi que j'invite,
Faites-moi celui d'accepter ;
Je suis amoureux de c'te p'tite,
A qui je voudrais en conter ;
Mais pour lui décliner la chose,
Faudrait qu'un malin, comme vous,
    Vint avec nous,
      Et m'dise en d'sous,
      Ce qu'on s'permet
    Auprès de son objet ;
Ça me formerait, que j'suppose ; —
    Caporal,
    Je paie un régal. »

« Allons, Jean-Jean, si ça t'contente,
J'accepte l'invitation :
C'est ça ta p'tite ? elle tentante,
Je conçois l'inclination.
Donnez-moi votre bras, la belle ;
Toi, Jean-Jean, march' derrière au pas.
    Surtout n'va pas
      En aucun cas,
      Faire un mouv'ment
    Sans mon commandement.
Prends ma tournure pour modèle. »
    —Caporal
    C'est l'point capital.

« Il faut entrer dans c'te guinguette
Nous rafraîchir me semble urgent;
Faut êt' galant près d'une fillette:
Garçon, du vin! .. Verse, Jean-Jean,
Vois comme ta belle a l'air tendre;
Tiens, v'là comme on prend un baiser;
      Pour t'amuser,
      Faut supposer
      Qu'c'est toi, Jean-Jean,
   Qui l'embrasse à présent;
Admire comm' je sais m'y prendre. »
      — Caporal,
      C'est original.

« Mais je crois qu'j'entends d'la musique,
Belle enfant nous allons walser,
Au bal je suis bon là, j'm'en pique;
Jean-Jean, tu nous verras passer!
Pendant qu'à ta particulière
Je vais montrer mon abandon,
      Prends un'leçon,
      Comme un tonton
      Tourne tout seul
   Autour de ce tilleul;
Moi, j'vais fair' tourner c'te p'tit' mère. »
      — Caporal,
      Ne vous fait's pas d'mal.

Jean-Jean, avec obéissance,
Sans s'arrêter tourne toujours,

Après une longue absence
On lui ramène ses amours :
« Tiens, Jean-Jean, pour le badinage
V'là ton objet bien disposé.
    J'ai tant pressé,
    Tant courtisé,
      Qu'à c't'heur'mon p'tit,
En avant... Et suffit!
Pour toi, je me suis mis en nage.
    — Caporal,
    Vous êt's sans égal. »

Paul DE KOCK.

CHANTONS.

Air : Ma mie, ô vous que j'adore !
Ou du vaudeville de madame Scaron

Amis, qu'il tonne, qu'il pleuve,
Faisons nos quatre repas,
Puisque la vie est un fleuve,
Que l'on ne remonte pas.
Qu'elle soit ou longue ou brève,
Les cieux sombres ou sereins,
    Chantons! cela fait trêve
    A nos petits chagrins.

Par Momus, joyeux pilote,
Au gouvernail installé,

Si, menaçant notre flotte,
Un nuage est signalé,
Qu'il soit, avant qu'il ne crève,
Conjuré par nos refrains !
    Chantons ! cela fait trêve
    A nos petits chagrins.

Fi d'un visage qui pleure !
Cela gâte le coup d'œil :
Des serments dont on nous leurre
Bien fou qui prendrait le deuil !
Que si d'impôts on nous grève
Pour restaurer les lutrins,
    Chantons ! cela fait trêve
    A nos petits chagrins.

Sur un Océan rebelle
Un preux s'embarque, et d'abord
Donne une larme à sa belle ;
Puis, emporté loin du bord,
Il dit, voyant sur la grève
Clio qui prend ses burins ;
    « Chantons ! cela fait trêve
    « A nos petits chagrins ! »

Qu'à régner par le mensonge,
Un tyran use ses jours ;
Le despotisme est un songe
Qu'on n'achève pas toujours.

Ma foi, c'est un vilain rêve
Qu'on fait faire aux souverains.
Chantons ! cela fait trève
A nos petits chagrins.

Jacquelin, à la nature,
Se plaint d'être né vilain :
Moi, riant de ma roture,
Je réponds à Jacquelin :
Les rois, par ma grand'mère Eve,
Sont mes frères utérins.
Chantons ! cela fait trève
A nos petits chagrins.

Jacinthe LECLERE.

LE BUVEUR INTRÉPIDE.

Air : Trouverez-vous un parlement.

Vive le vin ! vive le vin !
Versez, versez, chers camarades !
Chantons, et revenons sans fin
De la chansonnette aux rasades :
Mettons-nous vite à l'unisson ;
Que nous importe qu'on en glose ;
Si le vin ôte la raison,
Il ôte, ma foi ! peu de chose.

Plus de gêne, plus de façons ;
Et, si vous voulez tous m'en croire,

Sans quitter table, nous boirons
Jusques à perdre la mémoire.
Sablant vins vieux et vin-nouveau,
Et le Champagne et le Bourgogne,
Prouvons à tout sot buveur d'eau,
Qu'il n'est d'heureux qu'un bon ivrogne.

Entre Bacchus et Cupidon,
Transporté d'une double ivresse,
En vidant mon large flacon,
Je caresserai ma maîtresse;
Bercé sur le sein de l'amour,
Dans une heureuse insouciance,
Je pourrai compter chaque jour
Par une double jouissance.

Je renonce à l'ambition,
Elle engendre l'inquiétude ;
Boire sans interruption,
Voilà, morbleu ! ma seule étude.
Si la Parque, de son ciseau,
Veut trancher le fil de ma vie,
Qu'elle attende que mon tonneau
En soit tout à fait a la lie.

Cousin d'AVALLON.

CHANSON A BOIRE.

IMITÉE DE L'ALLEMAND DE LESSING.

Air: *Mr'suverez-vous un parlement.*

Qui d'entre nous, mes bons amis,
Sait combien de temps il doit vivre ?
Faut-il qu'à d'importuns soucis
Ce doute sans cesse nous livre ?
Sans craindre et prévoir l'avenir,
Au sein d'une heureuse indolence;
Du présent cherchons à jouir,
Et buvons à l'insouciance.

La nuit s'écoule; un nouveau jour
Va luire sur notre hémisphere ;
Hélas ! peut-être, sans retour
Doit-il me ravir la lumière ?
En tout cas, il est très-certain,
Et ma foi, vous pouvez m'en croire,
Que si je vis encor demain,
Je passerai ce jour a boire.

Cousin d'AVALLON.

CHANSON A BOIRE.

Air : *Un jour le frère Pancrace.*

Mes amis, prêtez l'oreille !
Verse-moi, dieu de la treille,
Ta liqueur douce et vermeille.
Apollon, garde ton eau ;
C'est le bon vin qui m'inspire,
Il échauffe mon délire ;
Une bouteille est ma lyre,
Et mon parnasse un tonneau.

Je ne connais qu'un grand homme
Et c'est Noé qu'il se nomme :
A ce saint que mon cœur chome
J'ai juré dévotion.
Noé, dont l'humeur bénigne
Nous enrichit de la vigne,
Bien mieux qu'un autre était digne
D'un brevet d'invention.

Dans la sainte galerie
Il est une allégorie,
De tout ivrogne chérie ;
En voici le sens divin :
La mer Rouge qu'a soumise,
La baguette de Moïse ;
N'était, s'il faut qu'on le dise,
Qu'un fleuve d'excellent vin.

La religion antique
Me semble assez poétique;
Et c'est un triste tableau.
De Jouvence et d'Hypocrène
Je prise peu la fontaine :
Je vois, surtout avec peine
Tantale le bec dans l'eau.
Le Phlégéton redoutable

Et le Styx épouvantable,
N'ont rien de fort délectable,
N'en déplaise à Jupiter.
Dans sa rigueur incroyable,
Le destin impitoyable,
Pour qu'il soit plus effroyable,
A mis de l'eau dans l'enfer,

C. MILLEVOYE.

LA CARAFE ET LA BOUTEILLE.

Air : *De la Meunière.*

La carafe ne se remplit
Que d'eau de rivière;
Mais la bouteille se rougit
D'une autre manière.
De chacune d'elles goûtant,
J'adoptai le refrain suivant :
Carafe en arrière,
Bouteille en avant.

Qu'on me parle du bon Henr,
  Dont la France est fière,
Qui fut idolâtre, chéri
  De l'Europe entière.
Ce héros ne fut aussi grand,
Que parce qu'il mit en buvant
  Carafe en arrière,
  Bouteille en avant.

Je conviens que l'eau rafraîchit
  Plus que le Madère;
Mais pour la soif gardez un fruit,
  Dit le sage austère;
Cédant au précepte savant,
Je place, crainte d'accident,
  Carafe en arrière,
  Bouteille en avant.

ROMANCE BACHIQUE.

IMITATION DE LA ROMANCE DE CHARLES VII,
PAR BERANGER.

Air : *Je vais combattre, Agnès l'ordonne.*

Je vais reprendre enfin mon verre,
Adieu soupirs! amours, adieu!
Honteux du culte de Cythère,
Mon cœur adore un autre dieu;
Amants, sachez que c'est ma belle
Qui m'engage à quitter Vénus;

J'oubliais Bacchus auprès d'elle,
Eglé me rend tout à Bacchus.

Brûlé d'une ardeur sans pareille
Qu'attisaient la soif et l'amour;
Je laissais ma triste bouteille,
Pour gémir comme un troubadour;
Un mot, un seul mot de ma belle
Me fit réformer cet abus :
J'oubliais Bacchus auprès d'elle,
Eglé me rend tout à Bacchus.

S'il faut périr pour aller boire,
Eh bien, Eglé, je périrai !
Mais, non... j'imiterai Grégoire :
Buvant bien, longtemps je vivrai.
Je dois boire puisque ma belle
M'offre elle-même ce doux jus;
J'oubliais Bacchus auprès d'elle,
Eglé me rend tout à Bacchus.

Je bois quand Phebus se réveille,
Je bois pour amortir ses feux;
Et je tiens encor ma bouteille
Lorsqu'il se dérobe à nos yeux.
Enfin c'est le vœu de ma belle,
Je suis buveur et rien de plus :
J'oubliais Bacchus auprès d'elle,
Eglé me rend tout à Bacchus.

COMBES jeune.

CHANSON BACHIQUE,

Air : *Femmes, voulez-vous éprouver ?*

A Bacchus consacrons nos chants,
Qu'à jamais ce Dieu nous inspire ;
Que son nom soit pour nos enfants
Le premier mot qu'ils sachent lire.
Bon vin féconde le cerveau,
Et de froids rimeurs ont beau dire
Bacchus chantant sur un tonneau,
Dégote Apollon sur sa lyre.

Sur les ponts, si nos troubadours
Nous prodiguent les sérénades,
S'ils chantent si bien les amours,
C'est qu'ils boivent pleines rasades ;
En vain les marchands de *coco*
Pour eux doubleraient la mesure ;
A leurs yeux la réglisse et l'eau
Sont des erreurs de la nature.

Croyez-moi, dit le médecin,
Ne buvez que de l'abondance ;
Je bois abondance de vin
Pour lui prouver ma confiance.
Je me sens gai, j'ai le teint frais ;
Lorsque j'ai bien bu je sommeille ;
De mon lit la cave est tout près,
J'y descends dès que je m'éveille.

Je prise peu les conquérants
Dont il est parlé dans l'histoire ;
Ce n'est pas en volant les gens
Que l'on peut voler à la gloire.
César, Alexandre, Cyrus,
Je donne au diable vos faits d'armes !
Il fallait boire cent fois plus
Et faire couler moins de larmes.

Francis DUPUIS.

LE VIN ET LES CHANSONNETTES.

Air : de la Boulangère.

Que des astronomes savants
Observent les planètes,
Amis, lorgnons, en bons vivants,
Ces vermeilles burettes,
Et terminons ce gai festin
Avec des chansonnettes,
Du vin,
Avec des chansonnettes.

Loin de nous ces froids buveurs d'eau !
Oh ! les tristes mazettes !
Le vin féconde le cerveau !
Il rend nos voix plus nettes ;
Déclarons la guerre au chagrin
Avec, etc.

Abordez moi, le verre en main,
   Vos gentes bergerettes,
Et dans un bachique refrain
   Chantez vos amourettes :
On ne soupire pas en vain
      Avec, etc.

Suivez nos pas, joyeux tendrons,
   Loin de vos maisonnettes,
Quittez, avec des francs lurons,
   Vos fichus, vos cornettes ;
Nous brûlons de vous mettre.... en train
      Avec, etc.

Moi, qui suis gai dès le matin,
   Qu'un docteur en lunettes
Ne vienne jamais en latin
   Me conter des sornettes :
Je me passe de médecin
      Avec, etc.

Je bois, je chante et fais l'amour
   Sans songer à mes dettes ;
Puis de solder, quand vient le jour,
   A défaut de sonnettes,
Je paye un créancier mutin
      Avec, etc.

Tant que nous aurons ici-bas
   Quelques vieilles feuillettes,

Et que nous verrons sur nos pas
Quelques jeunes fillettes,
Amis, mettons-nous en chemin
Avec des chansonnettes,
Du vin,
Avec des chansonnettes.

A. JACQUEMART.

CHANSON BACHIQUE.

Air: *Elle aime à rire, elle aime à boire.*

Amis, dans nos joyeux délire,
Pour obéir à vos décrets,
Je vais tracer quelques couplets;
Bacchus, m'encourage et m'inspire.
En célébrant son jus si doux,
Puissé-je obtenir quelque gloire,
Et me rendre digne de boire,) *bis*
De chanter, de rire avec vous.) *en chœur.*

De l'eau naît la mélancolie;
L'eau tient le génie en prison;
Le mensonge et la trahison
Naissent du jus de Normandie:
Mais le vin, ce nectar si doux!
Seul enfante plaisir et gloire!
C'est à lui que je dois de boire,
De chanter, de rire avec vous.

Qu'un pâle ennemi d'Epicure
Vienne prêcher contre le vin,
Forcez-le d'en goûter, soudain
Ce jus colore sa figure.
Bientôt fléchissant les genoux,
De Bacchus exaltant la gloire !
Vous le verrez digne de boire,
De rire et chanter avec nous.

Un Gascon, dans la matinée,
Rencontre un gourmet généreux,
Qui lui fait boire un coup ou deux,
Il est repu pour la journée ;
Le soir, grâce au fumet si doux
De sa portion dinatoire,
Il dit à tous qu'il vient de boire,
De rire et chanter comme nous.

Sans espoir près d'une inhumaine,
Toi qui languis la nuit, le jour,
Bois, et tu verras sans retour,
Au même instant briser ta chaîne.
Que dis-je ?... Ce nectar si doux
T'offre une plus belle victoire !
A la cruelle apprends à boire,
A rire, à chanter comme nous.

Jadis, dans les champs de Bellone,
Un preux, l'idole du soldat *,
En prenant un joyeux ébat,
Créa le refrain que j'entonne.

Ah ! que son souvenir est doux !
Combien il rappelle de gloire ! ! !
Français, buvons à sa mémoire,
Tout brave fera comme nous.

Ils reviendront ces jours prospères ;
On rappelle nos vieux guerriers
Qui, sous leurs immortels lauriers
Sauront abriter nos bannières.
En dépit de voisins jaloux,
La France couve encore sa gloire !
L'étranger n'osera plus boire,
Rire et chanter si près de nous.

LEROY DE BACRE.

* LASSALLE, général de cavalerie légère, mort au
champ d'honneur, auteur de la chanson : *Il aime à
rire, il aime à boire.*

∞∞∞∞∞∞∞∞∞∞∞∞∞∞∞∞∞∞∞∞∞∞∞∞∞∞∞∞∞

PLUS ON EST D'AMIS, PLUS ON BOIT.

Air : *Francs buveurs que Bacchus attire.*

Loin de nous, chassant l'humeur noire,
Tous, gais artistes, bons vivans,
Aimant à chanter, rire et boire,
Nous nous rassemblons tous les ans.
A nous un ami s'incorpore,
Avec plaisir on le reçoit ;
Nous en trinquerons mieux encore.
Plus on est d'amis *(bis)*, plus on boit.

Le plaisir fuit la solitude,
Pour le trouver vive un banquet,
Où, se délassant de l'étude,
On chante gaîment son couplet.
A trinquer un ami m'engage,
J'en vois deux, mon plaisir s'accroît ;
J'en vois dix, je bois davantage.
Plus on est d'amis (*bis*), plus on boit.

La vigne date du déluge,
Noé, patriarche divin,
Quand vint la fin de ce grabuge,
Dit : « Assez d'eau, songeons au vin. »
C'est grâce à lui qu'on se rassemble ;
A notre amour il a bien droit ;
Vivons en paix, choquons ensemble,
Plus on est d'amis (*bis*), plus on boit.

Que l'on se boxe en Angleterre,
Qu'à Rome on aille faire un vœu,
Qu'en Chine on se fasse la guerre,
Nous nous en soucions fort peu.
Pour s'égayer le Français chante,
Ici, Messieurs, pour tout exploit,
Au lieu d'un coup, buvons-en trente.
Plus on est d'amis (*bis*), plus on boit.

Que chacun boive à sa maîtresse ;
Et même il serait bien, je crois,

De boire aussi, par politesse,
A nos maitresses d'autrefois ;
Par ce moyen, jusqu'à l'aurore,
Nous resterons en cet endroit,
Et demain nous dirons encore
Plus on est d'amis (*bis*), plus on boit.

Paul DE KOCK.

GRISONS-NOUS.

Air : *Aux soins d'un jour incertain.*

Grisons-nous, mes chers amis,
    L'ivresse
   Vaut la richesse ;
Pour moi, dès que je suis gris,
Je possède tout Paris.
Le vin confond tous les rangs
Et rapproche tous les âges ;
Il rend les hommes plus francs
Et les femmes moins sauvages.
Grisons-nous, etc.

Quand on boit dès le matin,
Le soir on est tout de flamme,
Effet merveilleux du vin,
On fait la cour à sa femme.
Grisons-nous, etc.

Le Chambertin rend joyeux,
Le Nuits rend infatigable,
Le Volnais rend amoureux,
Le Champagne rend aimable.
Grisons-nous, etc.

Si l'amour rit d'un bon bon,
Il est une autre victoire,
Tel est vieux près d'un tendron,
Et sera jeune pour boire.
Grisons-nous, etc.

Le plus timide, en buvant,
Parle de tout à la ronde,
Au dessert le moins savant,
Sait gouverner le monde.
Grisons-nous, etc.

D'un trop fastueux banquet
La gaîté fuit l'etiquette !...
Mais elle entre au cabaret,
Elle couche à la guinguette.
Grisons-nous, etc.

Sur l'avenir incertain
Un roi portera sa vue ;
Sans songer au lendemain,
L'ivrogne dort dans la rue.
Grisons-nous, etc.

De bouchons faisons un tas,
Et, s'il faut avoir la goutte,

Au moins que ce ne soit pas
Pour n'avoir bu qu'une goutte.
Grisons-nous, etc.

En faisant honneur au vin
De Noé montrons-nous dignes,
S'il a planté le raisin,
C'est pour qu'on soit dans les vignes.
Grisons-nous, mes chers amis,
    L'ivresse
    Vaut la richesse,
Pour moi, dès que je suis gris,
Je possède tout Paris.

LE MÊME.

LE SOLDAT EN GOGUETTE.

Air : *Trou là là,* ou air : *J'ai d' l'argent.*

    J'suis en fonds,   (*bis*)
Chantons, rions et *bouffons,*
    J'suis en fonds,   (*bis*)
En avant les carafons.

Camarad's, vous saurez donc
Que de ma tant' c'est un don;
Dix écus, ni moins, ni plus,
Qu'elle m'envoie en *quibus!*
    J'suis en fonds, etc.
Sergent, caporal, et vous,

Tambours, venez avec nous,
Je voudrais dans ce moment,
Régaler tout l'régiment.
      J'suis en fonds, etc.

J'ai reçu ce boursicot,
Avec un gilet d'tricot;
Pour que l'régal soit complet,
Nous mangerons le gilet.
      J'suis en fonds, etc.

Si ma tant' ne m'donn'plus rien,
J'ai mon oncle, il a du bien!...
Et j'aim' trop les restaurants
Pour oublier mes parents.
      J'suis en fonds, etc.

Garçons, mettez, sans retard,
Du suc' dans l'om'lette au lard;
Et soignez le bain de pied
Du p'tit verr' de l'amitié.
      J'suis en fonds, etc.

On doit se battre demain,
Jurons le verre à la main,
Pour mieux vexer l'étranger,
De tout boir' et d'tout manger.
      J'suis en fonds, etc.

En guerr' le métier d' soldat
Est vraiment un bel état;

Un boulet peut nous r'lancer !
C'n'est pas la peine d'amasser.
J'suis en fonds, etc.

Si l'canon m'sign' mon renvoi.
Camarad's, promettez-moi,
A ma santé, d'boire encor,
Même après que je s'rai mort.
    J'suis en fonds,   (*bis*
Chantons, rions et *bouffons* ;
    J'suis en fonds,   (*bis*)
En avant les carafons.

Le même.

LA BOUTEILLE.

CHANSON BACHIQUE AVEC ACCOMPAGNEMENT DE VERRES.

Air : *Lorsque le Champagne.* (Désaugiers.)

Vive la bouteille !
Ce son argentin,
   Tin tin,
Est pour mon oreille
Un concert divin.

Qui voudra, réforme
Plus d'un code énorme,
Plaisant, pour la forme,
Au raisonneur profond ;
Le code bachique,

Est le code unique
Qu'un buveur se pique
De bien connaître à fond.
   Vive la bouteille ! etc.

Laissons l'antiquaire
Explorer la terre,
Pour un bloc de pierre
Ou quelques vieux tronçons
  Près d'un cercle aimable,
Nous, restons à table :
On y trouve et sable
Toujours de vieux flacons
   Vive la bouteille ! etc

Nous devons le croire,
Amis, la victoire
Enivre de gloire
Le soldat belliqueux ;
  Mais, soyons sincères,
Il sort de nos verres
Des vapeurs légères
Qui nous enivrent mieux
   Vive la bouteille ! etc

Sur la mer profonde
Quand l'orage gronde,
Le marin dans l'onde
Termine son destin :
  Fermons cette voie :

Enfants de la joie,
S'il faut qu'on se noie,
C'est dans des flots de vin
Vive la bouteille ! etc.

Lorsque la froidure
Vient à la nature
Ravir sa parure.
Et sa variété,
La liqueur vermeille
Pétille et réveille
L'Amour qui sommeille.
Aux pieds de la beauté.
Vive la bouteille ! etc.

Puisque ce breuvage
Délices du sage,
Convient à tout âge
Et bannit le chagrin,
Versons à la ronde,
Et que dans ce monde
Un écho réponde.
A mon joyeux refrain :
Vive la bouteille !
Ce son argentin,
Tin tin,
Est pour mon oreille
Un concert divin.

A. BÉTOURNÉ.

BÉLISAIRE.

ROMANCE.

—

Air : *De Garat.*

Un jeune enfant, un casque en main,
Allait quêtant pour l'indigence
D'un vieillard aveugle et sans pain,
Fameux dans Rome et dans Bysance;
Il disait à chaque passant
Touché de sa noble misère :
Donnez une obole à l'enfant
Qui sert le pauvre Bélisaire.

Je tiens le casque du guerrier
Effroi du Goth et du Vandale;
Il fut, dit-on, sans bouclier
Contre l'imposture fatale.
Un tyran fit brûler ses yeux,
Qui veillaient sur toute la terre;
La nuit voile à jamais les cieux
Au triste et pauvre Bélisaire.

L'infortuné, pour qui ma voix
S'élève seule et vous supplie,
Après son char traîna les rois
De l'Afrique et de l'Italie.

On sait que, même en triomphant,
Il n'eut point d'orgueil téméraire ;
Quand je le nomme, il me défend
De dire le grand Bélisaire.

Privé du plaisir des regards,
Le héros, qui rêve sa gloire,
Du monde et de tous ses hasards
Voit le spectacle en sa mémoire.
Son jeune guide apprend de lui
Que la fortune est mensongère,
Et s'étonne d'être l'appui
Que Dieu laisse au grand Bélisaire.

LA CURIOSITÉ.

CHANSON.

Air : D'un mouvement de curiosité.

Un jour d'été, dans un bois solitaire,
Je cherchais l'ombre et la tranquillité ;
Sur le gazon je vois une bergère
Dormant en paix avec sécurité.
Pour la mieux voir, à travers la bruyère
Je m'approchai... par curiosité.

Contre les feux dont brûlait l'atmosphère
Un voile blanc défendait sa beauté :
Voile placé par la main du mystère,
Par le désir doit-il être écarté ?
J'osai pourtant, d'une main téméraire,
Le soulever... par curiosité.

Un autre voile, à mes vœux trop contraire,
Couvrait un sein doucement agité :
Je vois les lis ; bientôt aussi j'espère
Rendre à la rose un culte mérité :
Mais ce tissu m'opposant sa barrière,
Je l'entrouvris... par curiosité.

Deux pieds mignons, qu'Amour forma pour
                                        [plaire,
Fixent bientôt mon regard enchanté,
J'admire aussi jambe fine et légère :
Là malgré moi mon œil est arrêté.
Mais elle dort ; on peut, sans lui déplaire,
Aller plus loin... par curiosité.

A mes désirs tout devenait prospère,
Je touchais presque à la félicité,
Lorsqu'entrouvrant des yeux pleins de colère,
La belle fuit avec agilité.
— Ne pouvais-tu, trop cruelle bergère,
Dormir un peu... par curiosité.

ⲟⲟⲟⲥⲟⲟⲟⲟⲟⲟⲟⲟⲟⲟⲟⲟⲟⲟⲟⲟⲟ́ⲥⲟⲟ́ⲟⲥⲥⲟⲟⲟⲟⲥⲟⲟⲟⲟ

BAYARD A BRESSE.

Air, à faire.

Le preux Bayard, dans la lice guerrière,
Blessé d'un trait, fut dans Bresse alité :
Fille bien-née, aimable prisonnière,
Vint à son lit dès qu'il fut en santé.
Bouquet en main elle s'approche,
Elle rougit avec candeur :
Ah ! crois-tu, chevalier sans peur,
Prendre la rose sans reproche.

Quelle rançon peut vous être payée,
Nous n'avons rien, dit-elle au bon seigneur ;
Par mes parents je vous suis envoyée ;
Ils n'ont que moi ; mon seul bien, c'est l'hon-
[neur.
Bayard s'émeut, elle s'approche ;
Ses yeux alarment la pudeur,
Et la belle n'est pas sans peur
Près du chevalier sans reproche.

Elle pleurait, craintive demoiselle ;
Bayard vit moins ses pleurs que sa beauté,
Dans tous ses sens une flamme nouvelle
De ce vainqueur trouble la loyauté ;

Ils étaient seuls, elle était proche
Du preux qu'égarait son ardeur,
Et Bayard n'était pas sans peur
De ne plus être sans reproche.

Vaincre en amour est bien douce victoire
Pour ce héros prompt à tous les combats;
Mais il s'arrête, et pensant à la gloire
Dit à regret, maître de tant d'appas :
« De ton hymen le jour s'approche,
« Prends cette dot, garde ta fleur;
« Va, fuis le chevalier sans peur,
« Et sois épouse sans reproche. »

ooooooooooooooooooooooooooooooooooooo

MONSIEUR RIEN.

Air : *Ça n'se peut pas.*

L'autre matin dans ma chambrette
Je rimais un joyeux couplet;
On entre, on me fait la courbette :
« Monseigneur, lisez ce placet. »
Moi, tout confus de ces hommages;
Ce nom, dis-je, n'est pas le mien;
Mon ami, descends trois étages...
Je ne suis rien. (bis.)

Chacun disait qu'en robe noire,
Avocat, je pouvais un jour
Endormir mon grand auditoire ;
Et, juge, dormir à mon tour.
J'aurais en plaidant une cause
Parlé fort mal... pensé fort bien.
Je pouvais être quelque chose,
    Je ne suis rien.   (*bis*)

Le sot, mais grand seigneur Placite,
Ne sait inspirer que l'ennui :
Quand chez lui vous faites visite,
C'est à sa place, et non à lui,
Mais lorsqu'un bon ami que j'aime
Vient voir mon gîte aérien,
Alors je dis c'est pour moi-même,
    Je ne suis rien.   (*bis.*)

Si quelquefois dans les ménages
On se plaint de certain affront,
On dit que les maris volages
Se font eux-mêmes... ce qu'ils sont.
D'accord ; mais je crois que madame
Y met toujours un peu du sien ;
Dieu merci, n'ayant point de femme,
    Je ne suis rien.   (*bis.*)

Je vis heureux dans ma retraite ;
Mais si je dois bientôt mourir,

O mes amis ! ô ma Suzette !
Honorez-moi d'un souvenir.
Vous être cher, voilà ma gloire ;
Et vous aimer, volà mon bien.
Conservez mon humble mémoire,
    Je ne suis rien.   (*bis.*)

L'AMOUR INGÉNU.

Air : *de P. Dalvimare.*

Mon cœur soupire dès l'aurore ;
Le jour un rien me fait rougir ;
Le soir mon cœur soupire encore ;
Je sens du mal et du plaisir.

Tout à mon âme te rappelle ;
Et je jouis de mon erreur ;
Ah ! dis-moi comment on appelle
Ce qui se passe dans mon cœur.

Je rêve à toi quand je sommeille ;
Ton nom m'agite et me séduit ;
Je pense à toi quand je m'éveille ;
Partout ton image me suit.

Tout à mon âme te rappelle, etc.

Quand tu parles, ta voix touchante
Dans mes sens porte le plaisir ;
Ton aspect me trouble et m'enchante ;
Je te cherche et voudrais te fuir.

Tout à mon âme te rappelle, etc.

Aux beaux discours du papillon
Ferme l'oreille, aimable rose.
Un amant, c'est le papillon :
La jeune fille, c'est la rose.

Tout à mon âme te rappelle ;
Et je jouis de mon erreur :
Ah ! dis-moi comment on appelle
Ce qui se passe daus mon cœur.

M. A. COUPÉ.

FONTENAY.

Air : a. Doche.

O Fontenay ! qu'embellissent les roses,
Avec plaisir toujours je te revois ;
Ici l'Amour, de fleurs fraîches écloses,
Me couronna pour la première fois. (bis.)

Dans ma Claudine , attraits, douceurs , sim-
{.plesse,
Tout m'enivrait; j'étais fier de mon choix.
Avec quel feu je peignais ma tendresse !
Qu'on aime bien pour la première fois. (*bis.*

Depuis dix ans, ignorant sa retraite,
De vingt beautés j'ai cru suivre les lois ;
Toujours on cherche , on désire, on regrette
Ce qu'on aima pour la première fois. (*bis.*)

L'AMOUR DE LA PATRIE.

Air : *du Siége de Lille.*

L'Amour dans le cœur d'un Français,
L'Amour est le bonheur suprême ;
Tous les instants sont pleins d'attraits
Auprès de la beauté qu'il aime ;

Mais au premier son du tambour
    Il sacrifie
    A sa patrie
Son bien, sa vie et son amour.

A s'acquitter de son devoir
Un bon Français trouve des charmes :

De son amante au désespoir
Lui-même il essuie les larmes ;
Mais au premier, etc.

Tout homme sage, avec regret
S'arme pour frapper et détruire ;
Toujours actif et toujours prêt,
Des maux de la guerre il soupire ;

Mais au premier, etc.

Qui sait délivrer son pays
Est vu comme un dieu sur la terre ;
A l'objet dont il est épris
Le Français est jaloux de plaire ;

Mais au premier, etc.

J'aime qu'on désire la paix ;
Aux humains elle est nécessaire.
J'aime qu'au déclin d'un jour frais
L'on s'amuse sur la fougère ;

Mais je veux qu'au son du tambour
On sacrifie
A sa patrie
Son bien, sa vie et son amour.

JOIGNY.

LA VEILLÉE DE VILLAGE.

RONDE.

—

Air : *Il y a cinquante ans et plus.*

Déjà l'on grelotte un peu ;
L'on regagne les chaumières ;
Et l'automne, au coin du feu,
Joint les filles (*bis*) aux commères :
Les rouets des vieilles mères,
Les regards des jeunes gens,
Et les soupirs des bergères,
Tout ça marche en même temps. (*bis.*)

Martine va raconter ;
Chacun vante sa mémoire :
Silence ! on veut écouter ;
Ici l'amant (*bis*), là l'histoire ;
Le difficile est de croire :
Mais les conteurs, les amants,
Tous deux mettent là leur gloire :
Tout ça marche en même temps. (*bis.*)

L'histoire tire à sa fin,
Aisément on le présume,

Les rouets restent sans lin,
Tout finit (*bis*), c'est la coutume :
Si la lampe se consume,
Et ne luit que par moments,
Le cœur d'Annette s'allume ;
Tout ça marche en même temps. (*bis.*)

La lumière va finir,
Et Lubin qui lorgne Annette
Dit : « Il faut se divertir ;
« Qu'à la main chaude (*bis*) on s'apprête. »
Le gaillard, qui n'est pas bête,
Sait profiter des instants :
Le cœur, les mains et la tête,
Tout ça marche en même temps. (*bis.*)

Lasses de rire et parler,
Les jeunes prêtent l'oreille :
Lasses de toujours filer,
Déjà ronfle (*bis*) chaque vieille :
Si la prudence sommeille
Pour le bonheur des amants,
Secrètement l'Amour veille ;
Tout ça marche en même temps. (*bis.*)

Joseph A. SÉGUR.

ひひひひひひひひひひひひひひひひひひひひひひ

LA VIEILLE MANIÈRE.

CHANSONNETTE.

=

Air : *Du vaudeville de Fanchon.*

Dans chaque maisonnette,
Jadis la chansonnette,
Au dessert
Avait son couvert ;
Amis, pour nous distraire,
Suivons cet exemple, joyeux,
Il faut tâcher de faire
Comme ont fait nos aïeux.

Auteurs, qu'on idolâtre,
Pour offrir au théâtre
Des tableaux
Vrais originaux,
Etudiez Molière,
De sa verve empruntez les feux.
Il faut tâcher de faire
Comme ont fait nos aïeux.

Travaillons, sans relâche,
A conserver sans tache

Notre nom,
Ou notre blason ;
Que toujours, de leur père,
Nos descendants soient glorieux,
Il faut tâcher de faire
Comme ont fait nos aïeux.

Aux champs de l'Algérie,
Loin de notre patrie,
Nos soldats
Bravant le trépas,
Plantent notre bannière
Sur la tombe des anciens preux,
Et s'efforcent de faire
Comme ont fait nos aïeux.

Si les guerres civiles
Ensanglantaient nos villes,
Les proscrits
Seraient nos amis,
Foyer héréditaire,
Tu sauverais ces malhéureux!...
Il faut tâcher de faire
Comme ont fait nos aïeux.

Dans la chanson à boire
Dont Panard fut la gloire,
Désaugiers
Cueillit des lauriers,
Au fond de notre verre,
Cherchons quelques refrains heureux,

Il faut tâcher de faire
Comme ont fait nos aïeux.

Dans quelques mois, j'espère,
Je me verrai le père
    D'un enfant
   Gentil, bien portant,
C'est qu'à ma ménagère,
J'ai dit souvent, entre deux yeux :
  Il faut tâcher de faire
  Comme ont fait nos aïeux.

L'OCTOGÉNAIRE.

COUPLET.

Air : *de la Camargo.*

C'était le bon temps
Que mon jeune temps :
On restait quarante ans,
   Soixante ans,
    Cent ans,
Sans nul changement
De gouvernement :
Les siècles s'écoulaient bien tranquillement.

Mais tout change,
Se dérange ;
Le siécle nouveau
Est beau,
Intrépide,
Et rapide ;
Le siècle à présent
Est vraiment
Bien grand !
Et comme il est grand,
Naturellement
Il marche maintenant
A pas de géant !
Il va d'un train d'enfer
Par les chemins de fer,
La vapeur, le bitume,
Et la houille qu'il consume ;
L'asphalte bouillant,
Et le gaz brillant,
Progrès important !
Sans lequel pourtant
C'était le bon temps
Que mon jeune temps :
On restait quarante ans,
Soixante ans,
Cent ans ;
Sans nul changement,
De goûvernement ;
Les siècles s'écoulaient bien tranquillement.

FIN.

www.ingramcontent.com/pod-product-compliance
Lightning Source LLC
Chambersburg PA
CBHW060631100426

42744CB00008B/1586